AF498207

Pour Iean Paul Audier Escuier sieur deDouzon, tant en
son nom que comme tuteur de damoiselle Magde-
laine Edmee Audier fille de deffunct Gilbert Audier,
viuant Escuier sieur de la Chezotte, appellant d'vne
Sentence donnee par le Seneschal de Bourbonnois
ou son Lieutenant à Moulins, le 4. de Decembre 1619.

Contre Gilbert de Champfeu sieur du Riage, & damoiselle Gilberte
d'Aubigny, intimez.

L E differend d'entre les parties, côsiste principalement en trois poincts de droict, qui
sont celebres à la verité, & dignes du iugement de la Cour. Auparauant que de les
traicter & discuter, il est necessaire de des-
duire le faict, qui est sommaire.
En l'annee 1609. le 17. d'Auril, contract de
mariage a esté passé entre Gilbert Audier
fils aisné d'iceluy sieur de Douzon, & damoiselle Valence de
la Boulaye, par lequel il est dit, qu'en faueur d'iceluy mariage le
sieur de Douzon & sa femme donnêt tous & vns chacuns leurs
biens au sieur de la Chezotte leur fils aisné, en s'en reseruant l'v-
sufruict leur vie durant, & encores la terre du Mas Sarazin, & la
sôme de dix-huict mil liures pour appaner Gabriel Audier sieur
de la Cassiere leur fils puisné; & qu'icelle somme de dix-huict
mil liures, luy seroit payee par son frere aisné lors qu'il trouuerroit son parti en mariage, ou qu'il se voudroit separer d'auec
luy, en deniers ou fonds; moyennant lequel appanage il renon-
ceroit aux successions de ses pere & mere.
En l'annee 1614. le sieur de la Cassiere a receu du sieur de la
Chezotte son frere aisné la somme de quatre mil cinq cens liures, des deniers à luy baillez en mariage par le sieur de la Boulaye son beaupere. En l'annee 1615. sur & en deduction pareillement d'icelle somme de dix huict mil liures, le sieur de la Cassiere a pris & accepté pour la somme de six mil six cens liures, la
terre de Champagnolles, laquelle il a depuis venduë pour pa-

A

reille somme de six mil six cens liures.

En l'annee 1617. le 12. d'Auril, le sieur de la Cassiere assisté de Iean de S. Iullien Escuier sieur de Perudet, promettant le faire agreer & ratifier par le sieur de Douzon & sa femme, a passé cõtract de mariage auec damoiselle Gilberte d'Aubigny, aagee seulement de 11. ans 3. iours, fille du feu sieur d'Aubigny & de damoiselle Elizabeth de Bigny: par lequel est dict, qu'en faueur de mariage la mere d'icelle Damoiselle baillera vingt quatre mille liures, payables sçauoir douze mil liures dans la sainct Iean lors prochainement venant, & le reste dans trois annees ensuiuant; & que renonçant par icelle damoiselle à la ommunauté du sieur de la Cassiere, elle auroit par forme d'augment, la somme de trois mil liures payable vn an apres; & que son douaire seroit de la somme de six cens liures par an sans enfans, & où il y auroit enfans, tant quelle demeureroit en viduité de la somme de trois cens liures par an, & que si elle conuoloit en secondes nopces, y ayant enfans, le doüaire demeureroit esteint, sinon que les enfans vinssent à mourir deuant elle, auquel cas du iour de leur deceds elle auroit deux cens liures; & soit quelle renonçast à la communauté ou non, elle auroit pour son habitatiõ la maison qui se trouuerroit appartenir au sieur de la Cassiere, auec les meubles & vstanciles, & outre ses bagues & ioyaux. Ceste Damoiselle n'auoit lors que 11. ans 3. iours, ainsi qu'il appert par l'extrait de son Baptistaire en datte du 9. d'Auril 1606. produit par le sieur de Douzõ. Elle ny son mary ne disent point que le sieur de la Cassiere ait iamais rien receu d'elle, ny de la somme de vingt quatre mil liures, a elle promise en mariage.

Le 15. de Iuin de la mesme annee 1617. le sieur de la Cassiere s'estant presenté auec ceste damoiselle au Curé de Ianzat pour les marier, il ne le voulut à cause du bas aage d'icelle Damoiselle, & du defaut de permission de Monsieur l'Euesque de Clermont son superieur, les bancs n'ayant esté publiez par trois diuers Dimanches. Par le plaidoyé du sieur du Riage & de ceste Damoiselle, il est dict que ce mariage fut solénizé par le Prieur de Ianzat; & par vne pretenduë attestation qu'ils produisent soubs la lettre E. de leur production, il est dict qu'il fut faict par François Lagnat Vicaire de la Vicairie de Douzon. Ce qui est entierement contraire l'vn à l'autre.

Le 20. de Nouembre de la mesme annee 1617. ceste Damoi-

selle apres auoir exposé pardeuant le Seneschal de Bourbonnois ou son Lieutenant, qu'il y auoit trois semaines qu'elle
auoit appris asseurément que le sieur de la Cassiere estoit decedé en Sauoye, elle a renoncé à la Communauté pretenduë contractee entre luy & elle, sans demander restitution de sa dot ny
de partie d'icelle ny autres biens, qui demonstre que le sieur de
la Cassiere n'a iamais rien eu d'elle.

Le 23. de Iuin 1618. Ceste Damoiselle n'ayant que douze ans
vn mois, s'est mariee auec le sieur du Riage, sept mois trois iours
apres la renonciation par elle faicte, ainsi que dit est : tant s'en
faut qu'elle ait porté le dueil pendant vn an, ou qu'elle soit demeuree vefue du sieur de la Cassiere.

Le 23. de Mars 1619. le sieur du Riage & ceste Damoiselle sa
femme ont fait assigner le sieur de Douzon, tant en son nom
que comme tuteur des enfans mineurs du sieur de la Chezotte
son fils aisné, pour se veoir condamner à leur payer quinze cens
liures de bagues, trois mil liures d'augment de dot, & les arrerages escheus de six cēs liures de doüaire auec les interests, & veoir
confirmer l'arrest faict entre ses mains de la sõme de dix-huict
mil l. pour estre les deniers employez en fonds ou rentes, pour
subuenir annuellement au payement de six cens l. de doüaire.

Du faict cy deuant raporté, appert que lors du contract de
mariage, passé entre le sieur de la Cassiere & ceste Damoiselle, le
12. Auril 1617. elle n'auoit que 11. ans 3. iours, ayāt esté baptisee,
(ainsi qu'il appert par l'extraict) le 9. d'Auril 1606. & 11. ans 2.
mois 6. iours lors de la pretenduë celebration d'iceluy mariage, dattee du 15. de Iuin 1617. & 11. ans 6. mois ou enuiron, lors
qu'elle a renoncé à la communauté pretenduë contractee entre le sieur de la Cassiere tué en Sauoye, & elle, l'acte de sa renonciation estant datté du 20. de Nouembre 1617. tant s'en faut
qu'elle ait vescu & soit demeuree auec le sieur de la Cassiere
comme sa femme, apres auoir l'âge de 12. ans complets. Il appert
aussi qu'elle a esté mariee auec le sieur du Riage, le 23. de Iuin
1618. & que lors elle n'auoit que 12. ans vn mois, & n'y auoit que
7. mois trois iours qu'elle auoit renoncé à la Communauté du
sieur de la Cassiere: tant s'en faut que pendant vn an elle ait porté le dueil, & soit demeuree vefue d'iceluy sieur de la Cassiere.
Paroissent pareillement *les points de droit* en la decision desquels,
& de chsacun d'iceux, principalement du premier, consiste

le iugement de l'affaire.

Le premier eſt de ſçauoir, ſi lors du contract de mariage paſſé entre le ſieur de la Caſſiere & ceſte Damoiſelle, icelle n'ayant attaint que l'aage de 11. ans 3. iours, & n'ayant accompli l'aage de 12. ans auparauant le deceds dudit ſieur de la Caſſiere, le mariage peut eſtre reputé bon & valable & parfait pour les effects Ciuils que les mariages ont accouſtumé de produire, qui ſont doüaire, augment de dot, guain de bagues & autres cõuentions matrimoniales: & ſi en vertu du contract de mariage cy deuant rapporté, le ſieur du Riage & ceſte Damoiſelle ſa femme ſont receuables ou bien fondez à demander doüaire & autres conuentions matrimoniales au ſieur de Douzon.

Le ſieur de Douzon ſouſtiẽt la negatiue, par pluſieurs raiſons, loix Ciuiles, ſaincts Decrets & Canons, vſance de l'Egliſe, Arreſts de la Cour, & du Conſeil, le Roy Henry 3. y ſeãt, aduis de S. Auguſtin, & de S. Hieroſme, & de S. Ambroiſe, & de M. Claude Deſpẽce, d'Hippocrates, & de Galiẽ, d'Ariſtote, & des plus celebres Iuriſconſultes modernes, ſçauoir eſt de Cujas, de du Moulin, de Boeri, d'Anthonius Auguſtinus, de Panorme, & meſme d'vn Synode tenu à Paris en l'annee 1557. ſous le Roy Henry II. & d'vn autre à Langres en l'an 1404.

La premiere des principales raiſons allegueespar le ſieur de Douzon, eſt fondee ſur ce que *Conſenſus facit nuptias*, & que les femelles qui ſont mineures & n'ont l'aage de 12. ans complets, *nec poſſunt conſentire, nec diſſentire, nihil poſſe ſcire intelliguntur*, ainſi que dit le plus celebre des Iuriſconſultes *Papinian* en la loy derniere *D. de Iuris & facti ignorantia. Et nullus eſt errantis conſenſus l. non idcirco C. eodem. cum inter omnes conſtet fragile eſſe & infirmum huiuſmodi ætatum cõſilium, & multis captionibus ſuppoſitum, multorum inſidiis expoſitum*, comme dit le Iuriſconſulte *Vlpian* en la loy j. *D. de minoribus viginti quinque annis.*

La ſeconde, eſt fondee ſur ce que les conuentions matrimoniales doiuent eſtre entenduës faictes ſous ceſte condition, *ſi le mariage eſt parfaict & accompli*, & que les loix de la Nature ne permettent pas qu'auparauant l'aage de 12. ans complets, le mariage ſoit parfaict & conſommé, ce que ceſſant les conuentions doiuent pareillement ceſſer & demeurer ſans effect: *Ceſſante cauſa ceſſare debet effectus.*

La troiſieſme, eſt fondee ſur ce que nulle nation, nulle loy,

nulle Couſtume n'ont defini , ny determiné l'aage de puberté, **319**
&nubile, des femmes, à moindre temps que de 12. ans complets:
Et toutes l'ont augmenté , entre autres la Couſtume du pays &
Duché de Bourbonnois, ou les parties ſont demeurantes, en
l'art. 63. qui requiert vingt ans au lieu de 14. pour les maſles , &
16. ans au lieu de 12. pour les femelles, afin de ſe dire & eſtre
majeurs.

Les SS. *Decrets & Canons* ſont, entre autres, le chap. *vbi non. 2. De
deſponſatione impuberum.* où il eſt dict; *diſtrictius inhibemus ne aliqui
quorum vterque vel alter ad ætatem legibus vel Canonibus determinatam non peruenerit , coniungantur.* duquel le commencement
doit eſtre rempli & reſtitué *ex can. 1. 30. quæſt. 2.* en ces termes; *Vbi non eſt conſenſus vtriuſque, ibi non eſt coniugium, &c. quæ
habentur in illo Canone 1. qui coniungendus cum hoc cap. 2.* Parquoy eſt
confirmée & approuuee la premiere des raiſons ſus-alleguee;
fondee ſur le conſentement requis pour la validité des mariages.

Apres ces termes, *ad ætatem Legibus vel Canonibus determinatam,*
il ny a plus d'apparence, ſauf correction de la Cour, de dire que
nous ne gardons les loix Ciuiles ſur ceſte matiere, & que les Canons ſont en ce contraires aux loix Ciuiles.

C'eſt le chapitre *Atteſtationes. 10. eod. tit. de deſponſatione impuberum,* par lequel il apert, que nous gardons & obſeruons ſi
eſtroictement les loix Ciuiles ſur ceſte queſtion conformes au
droict Canon, que le Pape Vrbain I I I. ayant eſté conſulté par
l'Eueſque du Mans ſur pareille cauſe, voire meſme en plus
forts termes que la preſente, parce que le maſle & la femelle
viuoyent , luy reſcrit qu'il pouuoit & deuoit bailler per-
miſſion au maſle & à la femelle de ſe remarier, *ad alia vota vtrique
dare licentiam tranſeundi,* comme eſtant le mariage nul à cauſe que
l'vn des mariez n'auoit l'aage de douze ans , & que depuis qu'il
eſtoit paruenu à l'aage legitime pour ſe marier, qui eſt de 14. ans
pour les maſles, & de 12. ans complets pour les femelles, *non
conſenſerat.* Et tel eſt l'aduis de M. Cujas l'vn des plus celebres
Iuriſconſultes de ce temps, au cõmencement de ſon Cõmetaire
ſur le tit. *de deſponſatione impuberum,* & ſur ces chapitres, *Vbi non.
& Atteſtationes.*

Les loix conformes au droict Canon ſont, entre autres, la loy
30. *Quando dies leg. vel fideic. cedat,* ou le Iuriſconſulte Labeo dit,

Quando pupillæ legatum est,quandoque nupserit, si ea minor quam viri-potens nupserit,non ante ei legatum debebitur quam viripotens esse cæpe-rit:quia non potest videri nupta, quæ virum pati non potest.

C'est la loy,*Dotu.*68. *D. de Iure dotium*, ou le Iurisconsulte Papinian dict,que la dot ne peut estre demandee si la mariee n'a esté faicte maieure auec son mary & passé la 12. annee de son aage,en ces termes; *Omnis dotis promissio futuri matrimonij tacitam conditionem accipit. Nam si minor annis duodecim, vt maior deducta sit, tunc primum petetur, cum major annis apud virum esse cœperit.* Ce qui confirme en termes expres la seconde des raisons sus-alleguees pour la decision de ceste question. Surquoy Monsieur Cujas,au Commentaire qu'il a fait sur les questiós de Papinian,desquelles est tiree ceste loy, dict en ces termes fort precis pour la decision de ceste question; *Stipulatio dotis semper intelligitur conditionalis,fa-Eta scilicet sub hac conditione, si nuptiæ sequátur,quia sine nuptiis non est dos. Et ita demum illa stipulatione agi potest,si nuptiæ sequantur,vt recte ait l. stipulatio. hoc tit. Nuptiæ non sunt quandiu est impubes. l. pen. D. Quando dies leg. cedat. Nupta non videtur quæ virum pati non potest. quo ex loco,vt ait Festus, nihil referre dicas viripotétem,vel viri patien-tem. Nuptiæ non sunt, sed sunt γάμοι ἄγαμοι.* Si la dot ne peut pas estre demandee, comme elle ne le peut estre suiuant ceste loy, & l'aduis de Monsieur Cujas sur icelle, par ce que c'est ma-riage sans mariage, si la mariee n'a passé l'aage de douze ans auec son mary, les autres conuentions matrimoniales ne le peuuent non plus estre;voire encores moins, parce que la dot est la plus fauorable.

C'est la loy *Hæc conditio.*10.*D.de conditionib. & demonstrationi-bus,*ou le Iurisconsulte Vlpian dict en termes decisifs de ceste mesme question;*Non omnes coniunEtiones implent conditionem,cum nupserit: Puta enim nondum nubilis ætatis in domum mariti deduEta,non paruit conditioni.*

C'est ce que dit formellement le Iurisconsulte *Pomponius* en la loy *Minorem.*4. *D.de ritu nuptiarum,*en ces termes;*Minorem an-nis duodecim nuptam,tunc legitimam vxorem fore cum apud virum ex-plesset duodecim annos.* Il est constant entre les parties que la Da-moiselle d'Aubigny n'auoit point passé le 12. an de son aage, lors que le sieur de la Cassiere est decedé ; Tellement qu'il est vray de dire suiuant ceste loy quelle ne luy a iamais esté femme legitime:nec vir,nec vxor,nec nuptiæ,nec matrimonium,nec dos intel-

ligitur, ainſi que diſt l'Empereur Iuſtinian en ſes Inſtitutes, *Tit. de nuptiis. §. 12.*

L'Empereur Iuſtinian eſtoit Chreſtien & Catholique, teſmoin le premier liure du Code qui eſt *de ſacroſanſta & indiuidua Trinitate & fide Catholica.* Il ne ſe peut dõc pas dire auiourd'huy, que l'on doit decider ceſte queſtiõ autremẽt quelle eſt decidee au tit. de ſes Inſtitutes ſus-allegué & conforme aux loix Ciuiles cy deuãt raportees & redigees de ſon authorité, parce que nous tenons le mariage pour Sacrement en l'Egliſe. Auſſi faut-il diſtinguer entre le Sacrement du mariage, & les effeſts ciuils d'iceluy.

Et afin d'oſter tout doubte & d'interpreter Iuſtinian par Iuſtinian ſur ce qu'au lieu ſus-allegué il a vſé du terme *Viripotentes*, & non pas du terme *Puberes*, & monſtrer que les femelles ne ſont cenſees & reputees eſtre *viripotentes* qu'apres auoir paſſé l'aage de douze ans, tant s'en faut qu'à leur eſgard il ne faille conſiderer l'aage, mais ſeulement l'habitude du corps, il ne ſaut que les termes deſquels il vſe au Tit. de ſes Inſtitutes, *Quibus modis Tutela finitur.* qui ſont, *Noſtra maieſtas dignum eſſe caſtitate noſtrorum temporũ exiſtimãs quod in fœminis etiam antiquis impudicum eſſe viſum eſt, id eſt inſpeſtionem habitudinis corporis, hoc etiam in maſculis extendere, & ideo noſtra ſanſta conſtitutione promulgata pubertatem in maſculis poſt decimumquartum annum completum, illico initium accipere diſpoſuimus: Antiquitatis normam in feminis bene poſitã in ſuo ordine relinquentes, vt poſt duodecim annos completos viripotẽtes eſſe credantur.*

Apres leſquels termes, il ny a point d'apparance de dire que l'Empereur Iuſtinian en ſes Inſtitutes parlant des filles habiles au mariage, il a laiſſé la le temps ordinaire, & a diſt, *feminæ viripotentes*, ſuiuant la conſtitution de la perſonne, pluſtoſt que le nombre des annees. C'eſt parler contre les propres termes des Inſtitutes, de meſme que de faire diſtinſtion en cet endroiſt entre les tutelles & les mariages; de meſme que de regler la puberté des filles *ex habitudine corporis*, laquelle tant s'en faut que les anciens, & l'Empereur Iuſtinian apres eux, ayent admiſe, qu'il appert par les termes ſus-rapportez qu'ils l'ont touſiours iugee impudique & deſ honneſte. Et s'il eſtoit beſoin de le prouuer dauantage, il ne faudroit que les termes du meſme Empereur Iuſtinian en la loy derniere *C. quando tutores vel curatores eſſe deſinant*, où il eſt dit, *fœ-*

mina post impletos duodecim annos pubescere iudicantur. Et ce que dit Monsieur Cujas en ses notes sur les Institutes, en rendant raison pourquoy l'Empereur Iustinian a vsé au lieu predit de ce mot, *viripotentes*, en ces termes ; *in fœmina maluit vti proprio nomine. In masculo etiam vteretur proprio si quod haberet. Quia nullum habet, in eo puberis nomine vtitur, quod est commune vtrique sexuj.* Ou ce que dit Theophile en sa paraphrase, qui est le vray interprete des Institutes, au lieu sus allegué, en ces termes ; Δεῖ δὲ τοὺς μὲν ἄρρενας ἐφήβους εἶ), τὰς δὲ θηλείας ἀνδρὸς δεκακάς. τουτέστι, τοὺς μὲν ὑπερβεβηκέναι τὸ τεσσαρακαιδέκατον ἔτος, τὰς δὲ μείζους εἶ) τῆς δώδεκα ἐνιαυτῶ. Hamenopule le dict de mesme lib. 4. tit. 1. §. 11. Accurse l'entend ainsi *d. tit. Inst.* & l'Empereur Leon en ses Nouuelles 74. & 109. le veut pareillement, & l'Helychius en disant, Ἔφηβοι, οἱ ἡβῶντες. ἐλέγετο χ ὀπὶ παρθέων. Ἡβήσας, τειχώσας. Ἡβήτης, ἀκμάζων, νεανίας, ἥλιξ. Et le Scholiaste de Theocrite εἰδ΄. ἡ. Ἔνηβοι, οἱ πεντεκαιδεκαετεῖς καὶ πορρωτέρω. Ἄνηβοι δὲ οἱ δωδεκαετεῖς καὶ κατωτέρω. Les Iurisconsultes Grecs en la loy 13. *de verb. signif.* pour *viripotens* ont dit, ἔφηβος παρθένος. Les Glosses de Philoxenus portent, *viripotens*, ἔπακμος, ἔπανδρος Ἔπακμος κόρη, *viripotens*, *virago*, *Adulta* Ἔπακμος, *Pubis*, *Adultus.* C'est pourquoy *Michael Attaliates in synopsi Iuris Michaelis Ducæ iussu facta, tit. de Nuptijs,* dit qu'vne fille mineure de 12. ans estant mariee, est tenuë & reputee pour femme legitime, quand elle a passé 12. ans demeurant auec son mary. Ses termes sont, Ἡ ἥττων τῆς δώδεκα ἐ τῆς γαμηθεῖσα, τότε γίνεται νόμιμος γυνὴ, ὅτι παρὰ τῷ ἀνδρὶ πληρώσῃ τὰ δώδεκα ἔτη.

L'vsance de l'Eglise est manifeste, en ce que S. Augustin remarque au liure 6. chap. 13. de ses Confessions auoir esté par luy mesme obserué, en racontant qu'à la persuasiõ & selon la volonté de sa mere il pensoit à se marier, & auoit fiancé vne fille non nubille, pour n'auoir 12. ans passez, & qu'il fut contraint d'attendre qu'elle eust l'aage nubille. Ces termes sont ; *Instabatur impigré vt ducerem vxorem. Iam petebatur. Iam promittebatur, maxime matre dante operam. Puella petebatur, cuius ætas ferme biennio minor quam nubilis erat : Et quia ea placebat, expectabatur.*

Et d'auantage en ce qu'il dit au chap. 28. de son liure 2. *de consensu Euangelistarum,* qu'il n'est pas croyable qu'vne fille qui n'a que 12. ans, *iam nupta vel virum experta fuerit,* en ces termes ; *Hoc melius intelligimus, quam & illam duodecim annorum nuptam vel virum expertam fuisse credamus,* Comme aussi en ce qui est dict au Concile de Carthage tenu en l'an 1419. *post cõsulatum gloriosissimo-*

rum Imperatorum Honorij & Theodosij, en ces termes; *Placuit vt* 322
lectores cum ad annos pubertatis peruenerint, cogantur aut vxores duce-
re, aut continentiam profiteri. Ἤρεσεν ὥςε τοὺς ἀναγνώςας εἰς τὸν καιρὸν τ᾽ ἥϐης ἐρχο-
μένους, ἀναγκάζεϑαι ἢ συμϐίοις ἀγαγέϑαι, ἢ ἐγκράτειαν ὁμολογεῖν.

Et en ce qui fut defini au Synode rapporté par *Leunclauius lib.*
3. *Iuris Græco-Romani*, & tenu en l'an 743. fur la propofitiõ faicte par le Patriarche *Germanus*, qu'vne fille qui auoit efté mariee
auãt l'âge de puberté, πρὸ τῆς ἥϐης, feroit feparee d'auec celuy auec
lequel elle auoit efté mariee, qu'il appelle φϑορεὺς, & nõpas γαμέτης, & que le Preftre qui auoit folēnifé le mariage feroit depofé.

Comme pareillement ce qui eft dit en vn autre Synode tenu
à Conftantinople, prefident Michael Metropolitain d'Athe-
nes, rapporté au liure 4. *eiufdem iuris Græco-Romani*, qu'vn mariage faict auec vne femme, de laquelle la fille eftant encores
impubere, & au deffous de douze ans, auoit efté mariee auec le
mefme homme, a efté approuué & trouué bon & legitime, parce que le mariage fait auec vne fille au deffous de douze ans eft
nul, la loy ayant accouftumé d'imiter la Nature, & admettant
ce que la Nature recognoift, & reiettant ce qu'elle ne cognoift
ou reprouue, & la femelle qui eft impubere & n'a paffé douze
ans, n'eftant capable d'engendrer, & les mariages fe faifant principalement pour la generation. Il feroit trop long de rapporter
tous les termes: Il fuffira d'en rapporter quelques vns des prin-
cipaux, qui font; Ὅ γὰρ οὐκ ἦρκται καλῶς, οὐδὲ λελύϑαι λέγεται· ἀλλ᾽ ἀπαρχῆς δέον
μὴ ἐγηκέναι. Καὶ γὰρ εἴωϑεν ὁ νόμος τὴν φύσιν μιμεῖϑαι· καὶ ὁ μὲν οἶδεν αὐτη, προσίεται·
τὸ δ᾽ ἠγνοημένον αὐτῇ παραπέμπεται. εἰ τοίνυν ἡ μὲν ἥϐάσκουσα γονῆς ὅτιν αἰεπίδεκτος, διὰ δ᾽
παιδογονίαν ὁ γάμος. ὁ συνερχόμενος ἄρα τῇ μὴ γεγονυῖα δωδεκάτου ἐνιαυτὸ, φϑορεύς ὅτιν,
ἀλλ᾽ οὐ γαμέτης. καὶ διὰ τοῦτο ὁ τ᾽ ἥλονος τῆς δώδεκα ἐνιαυτῆς ἀπείρηται γάμος. καὶ ὁ ἱερολογῶν
ἱερεὺς, αἰτίαμαπ καϑυποπίπλει. Ὅ γὰρ αὐτ᾽ οὐδενὸς δοκεῖ, τοῦτο πῶς ἔςαι τῷ καλῶς καὶ ἀνόμως
γινομένῳ κώλυμα.

Et ce qui eft rapporté, *in delectu legum facto ab Impp. Leone &*
Conftantino anno 838. *Tit. 12. de nuptiis.* que le mefme *Leuncla-*
uius a faict imprimer, que les mariages entre Chreftiens fe font
par efcrit ou fans efcrit, pourueu que l'aage foit capable de copu-
lation, c'eft à fçauoir, du mafle depuis le 15. an, & de la femelle
depuis le 13. an, l'vn & l'autre le voulant, & le confentement des
pere & mere prealablement pris.

Les Arrests de la Cour & du Confeil font. L'vn donné le 3.
Iuin 1586. le Roy eftant en fon Confeil, portant que le Roy
trouue bon & auctorife le mariage, d'entre Henry d'Efcars fils

puifné du fieur Comte de la Vauguion & Anne de Caumont, combien qu'elle euft auparauant efté mariee auec Claude d'Efcars fon frere aifné, d'autant qu'icelle de Caumont n'eftoir aagee de 12. ans complets auparauant le deceds d'iceluy Claude d'Efcars, & que lors de leur contract de mariage elle n'auoit que fept ans : De forte que le Roy feant en fon Confeil, a iugé femblable queftion à celle qui fe prefente, au profit du fieur de Douzon : autremét il auroit authorifé vn incefte, ce qui ne doit pas eftre feulement penfé, tant s'en faut qu'il puiffe eftre dit & allegué. Au refte la Cour remarquera, s'il luy plaift, qu'au difpofitif de ceft Arreft, il eft dit ; Que le Roy pour de grandes confiderations auoit trouué bon & aggreable ce mariage, & qu'il n'a peu fuiuant fon defir fortir effect à caufe du deceds d'iceluy Claude d'Efcars, pourquoy il authorife l'autre : Car par ces termes il appert que ce mariage n'a point efté vn rapt : Tout ainfi que par ceux qui font au commencement du narré, il appert qu'il y a eu contract de mariage paffé entre iceluy Claude d'Efcars & Damoifelle Anne de Caumont, & qu'elle n'eftoit aagee de 12. ans complets auparauant le deceds d'iceluy d'Efcars. Ce qui eft plus que fuffifant, fauf correction de la Cour, pour refpondre à ce que le fieur du Riage & fa femme difent contre ces Arrefts.

L'autre Arreft a efté donné par la Cour au rapport de Monfieur Turnebus le 14. d'Aouft 1614. entre le fieur Comte de S. Paul & Dame Anne de Caumont fa femme, & Iacques Stuard Comte de la Vauguion fur pareille demande à celle que font à prefent le fieur du Riage & fa femme: Et porte que la Cour a mis les parties hors de Cour & de procez. Par la fentence de Meffieurs des Requeftes, de laquelle eftoit appel, les defendeurs auoient efté abfous des demandes, fins & conclufions contre eux prinfes par les demandeurs, & les demandeurs condamnez és defpens. De forte que cefte mefme queftion a efté iugee par la Cour au profit du fieur de Douzon par l'vn & par l'autre de ces iugemens, auffi bien que par le Confeil le Roy y feant.

Le fieur du Riage & fa femme ne defnient pas que ces iugemens n'ayent efté donnez fur pareille demande que celle qu'ils font afin de doüaire & autres conuentions matrimoniales, & fur pareilles defenfes que celles qui font propofees par le fieur de Douzon, fondees fur le defaut d'aage lors du contract de mariage, & lors du deceds de celuy qui l'auoit contracté. Ils difent feu

lement pour contredits , que la pourſuite des ſieurs & Dame de
S. Paul, eſtoit vne vieille recherche qui approchoit bien pres de
la preſcription. A quoy le ſieur de Douzon reſpond , qu'il ſuffit
qu'il n'y en euſt point , ainſi qu'ils recognoiſſent en diſant qu'elle
en approchoit bien pres. Auſſi n'y auoit il point 30. ans, non pas
meſme 20. en deſduiſant ce qu'il conuenoit deſduire pour
les annees de minorité de la Dame de Caumont , & les cinq annees des troubles. Et d'auantage, il appert par les moyens deſ-
duits par la ſentence, qu'on ne s'eſt point arreſté ſur ceſte pretenduë preſcription.

En ſecond lieu, Ils diſent qu'on ne iuſtifie point qu'il y euſt eu
aucun contract de mariage. Il appert du contraire, meſme par
l'Arreſt du Conſeil par eux produit, ainſi qu'il a eſté cy-deuant
remarqué ſur iceluy. Et quand ainſi ſeroit, (que non,) qu'il n'y
en auroit point eu , il ne s'enſuiuroit pas que le mariage ne peuſt
auoir eſté ou ne d'euſt eſtre preſumé : Car vn contract ne faict
pas vn mariage, & vn mariage peut eſtre & ſubſiſter ſans côtract,
ainſi qu'il eſt dit en la loy 4. *D. de pignoribus* , en ces termes ; *fiunt
de his ſcripturæ vt quod actum eſt per eas facilius probari poßit : ſine his
autem valet quod actum eſt , ſi habeat probationem ; ſicut & Nuptiæ
ſunt, licet teſtationes in ſcriptis habitæ non ſint* : Et par les Empereurs
Leon & Conſtantin au lieu ſuſ-allegué, qui porte qu'entre
Chreſtiens les mariages ſe font par eſcrit ou ſans eſcrit , Συνίσταται
γάμος Χριστιανῶν εἴτε ἐγγράφως εἴτε ἀγράφως. Les contracts de mariages ne
ſont faicts que pour accorder les conuentions qui ſont reglez
par les Couſtumes des lieux, quand il n'y a point de contracts.

L'authorité des Saincts Peres decide auſſi ceſte queſtion au
profit du ſieur de Douzon. Les termes de S. Auguſtin ſont cy-
deuant rapportez. Sainct Hieroſme en ſon Epiſtre *ad Vitalem*,
condamnant tels mariages faicts hors l'aage, & les exemples de
Salomon, & autres y rapportez, dit; *Quod pro miraculo, ſigno, atque
portento fit, legem natura facere non poteſt. Num quia noſtra ætate du-
plex Lyddæ natus eſt homo, duorum capitum, quatuor manuum, vno ven-
tre & duobus pedibus , omnes homines ita naſci neceſſe eſt?* Et peu
apres; *Perſpicuum eſt homines à parua ætate libidinj deditos, immatura
eorum ſobole demonſtrari quod etiam eo tempore peccare cœperint quo
Natura non patitur.*

S. Ambroiſe en condamnant l'inſpection du corps, ſur laquelle eſt fondee l'opinion que l'on tient de la part du ſieur du Riage

& ſa femme, dit en l'Epiſtre 46. du liure 6. de ſes Epiſtres ; *Itáne ergo omnibus patebit Vt genitalium ſecretorum petant inſpectionem , & addicentur ſacræ Virgines ad huiuſmodi ludibria, quæ & Viſu & auditu, horrori & pudori ſunt ? Quæ ergo ſine damno pudoris in alienis auribus reſonari non queunt, ea poſſunt in Virgine ſine eius tentari Verecundia? Ergo & quæ nupturæ ſunt, prius inſpicientur Vt nubant probatiores? Quid quod etiam ipſi Archiatri dicunt non ſatis liquido comprehendi inſpectionis fidem , & ipſis Medicinæ Vetuſtis doctoribus id ſententiæ fuiſſe? Legimus in Veteri Teſtamento, obſtetrices, ſed non inſpectrices. Deniq; ad parturientes ingrediebantur, non ad Virgines, Vt partus ſuſciperent, non Vt pudorem examinarent. Secundo & tertio loco in Scripturis inuenimus obſtetrices adhibitas, ſed Vbiq; partui, nuſquam inſpectioni. Primo, Vbi Rachel parturit, deinde Vbi Tamar parit, tertio Vbi necandos mares Pharao mandat Hebræorum obſtetricibus, quando reſponderunt illæ, non eo more Hebræas fœminas parere quo pariunt Ægyptiæ, ſed Hebræas prius parere quam introeant obſtetrices ad eas. Qui locus Vt ſuperiori Vtilis ad Hebræorum ſalutem, ita reliquo confragoſus ad obſtetricum fidem, quæ didicerunt mentiri pro ſalute, & fallere pro excuſatione. Male ſe habet cauſa, Vbi potior eſt carnis, quam mentis prærogatiua.*

Le premier des Docteurs Scholaſtiques, qui eſt S. Thomas, eſt auſſi de cet aduis *part. 3. quæſt. 43. art. 2.* diſant ; *Si ante annos pubertatis fiat contractus ſponſalium per alium, ambo, Vel alter, reclamare poſſunt, Vnde nihil tunc actum eſt, adeo quod nec aliqua adfinitas ex hoc contrahatur : Et ideo ſponſalia quæ inter aliquos per perſonas alias contrahuntur, robur habent, in quantum illi inter quos contrahuntur, ad ætatem debitam Venientes, non reclamant, ex quo intelliguntur conſentire de his quæ per alios facta ſunt. In tempore contractus matrimonij, non ſolum requiritur diſpoſitio ex parte Vſus rationis, ſed etiam ex parte corporis, Vt ſit tempus generationi aptum. Puella in 12. anno ad hoc Venit, Vt poſſit eſſe actui generationis apta. Puer in fine ſecundi ſeptennij, Vt Philoſophus ait in 7. Animalium,*

Les plus doctes Theologiēs modernes ſont auſſi de ceſt aduis, entr'autres Maiſtre Claude Deſpenſe en ſon Commentaire ſur l'Epiſtre de S. Paul, *ad Titum cap.* 2. où il dit ; *ſublata in examinanda Marium pubertate, inhoneſta, indecora & Chriſtiana caſtitate indigna corporis habitudinis indagatione, & inſpectione, maſculj quidem poſt annum decimum quartum puberes, fæminæ poſt duodecimum completum etiam Viripotentes eſſe creduntur. l. 3. C. Quando tutores. Inſtit.*

Quibus modis tutela finiatur. quos ætatum nubilium limites secuta est posteritas.

Et Anthonius Augustinus, Episcopus Tarraconensis, en son Epitome du droit Canon *tit. 4. de Matrimonio.* où il est dit; *Nullus præsumat ante annos pubertatis, puerum vel pueram in matrimonio sociare.*

Le premier des Medecins *Hipocrates* au liure 5. Aphorisme 7. & sur iceluy le docte Galien, definissent le temps de la puberté qui est l'aage nubile, plus haut, sçauoir est, depuis le 14. an iusques au 25.

Et encores plus haut, les Philosophes Politiques & Naturalistes, entre autres, l'incôparable Aristote (*cuius inuentis nec ipsa natura dissentit*, côme dit vn antien) lequel au 7. l. de ses Politiques chap. 16. traitant expres ceste mesme question, termine l'aage de se marier legitimement à 18. ans pour les filles, & à 37. pour les masles.

Et Platon au liure 5. *de Republica* la defini à 20. ans pour les filles, & à 30. ans pour les masles, & condamne les mariages faits auparauant ce temps comme pernicieux à la Republique, & les enfans qui en viennent comme bastards. Il seroit trop long de rapporter tous les autres. Il suffit de dire qu'il n'y en a aucun qui ayt mis l'aage de puberté, l'aage nubile, plus bas que de 12. ans pour les filles, & de 14. pour les masles, & que la pluspart l'ont establi beaucoup plus haut, ainsi que la pluspart des Coustumes de France, entre lesquelles est celle de Bourbonnois, où le contract de mariage a esté passé, & où les parties sont demeurantes: surquoy est fondee la 3. des raisons sus-alleguee de la part du sieur de Douzon.

Les plus celebres des Iurisconsultes modernes decident pareillement ceste question au profit du sieur de Douzon.

Monsieur *Cujas* au commencement de son Commentaire sur le tit. *de desponsatione impuberum*, & sur les chapitres *vbi non. & Attestationes.* dict; *Honestius sane & melius est, quod etiam obtinuit, non inspecta habitudine corporis nudi, pubertatem æstimare ex annis, pubertatem tantum in annis decernere, non in vigore naturali. Non placet autem opinio Glossæ existimantis in matrimonio contrahendo pubertatem non æstimari ex annis, sed ex habitudine corporis & potentia procreandi liberos, ex vigore naturali: Quam opinionem etiam improbat Iohannes Andreæ filius & Panormitanus, quorum etiam sententia obtinuit:* dont il rend ceste raison: *Quia nuptiæ de effectu & animo fiunt, qui nullus in impubere esse intelligitur.* Et remarque que par le chapitre *vbi non.* il est defini que les Canons sont conformes aux loix Ciuiles pour l'establissement de l'aage nubile, *in nubilis ætatis definitione Canones legibus concinere.*

Maistre Charles *du Moulin* sur le chap. 3. du mesme titre *de desp. impuberum. in verbo generare,* dict; *Ego vero dico quod aptitudo non est consideranda respectu potentiæ copulæ dumtaxat more brutorum, sed etiam respectu iudicij & consilij : quia matrimonium non est actus coëuntium, sed prudentium, & politica vel œconomica capacium, non minus quam testamentum, l. fin. C. de testamento militis. Ideo fatuum est & explodendum quod hic scribit Hostiensis, infantem qui possit discernere habitationem cum viro, eo ipso posse matrimonium contrahere.*

Monsieur *Boeri* President au Parlement de Bourdeaux en son Conseil 44. *nom.* 18. & 19. escrit en traictant ceste question; *Nec iura aut doctores hoc volunt (scilicet matrimonium esse) nisi perseuerauerint vsque ad pubertatem. Pro hoc bonus textus quem singularem ibi facit Baldus in l. pen. §. fin. D. quod falso tutore. quia tunc præsumuntur consensisse, l. minorem. D. de ritu nuptiarum.*

Maistre René *Choppin* en son liure 2.' *de priuilegiis rusticorum cap.* 3. dict que *appellatione legitimæ ætatis venit pubertas, nubilis ætas;* & *sic in masculo* 14. *an. in fœmina* 12. *an.* Et remarque qu'il a ainsi esté iugé par arrest le 19. de Iuin 1565. Ce que Maistre Pierre *Pithou* a pareillement remarqué en son Commentaire sur la Coustume de Troye art. 18. chapitre des droicts & prerogatiues des nobles.

Monsieur de *Belloy* Aduocat general au Parlement de Thoulouze, en parlant de pareille question que celle cy, sur l'art. 23. de l'Edict de Nantes, la resout au profit du sieur de Douzon, en ces termes; *Demeure seulement à regler l'aage de ceux qui voudront contracter mariage, & s'obliger à vn tel vœu, les ans duquel ont esté diuersement reglez par les antiens selon les diuerses opinions qu'ils auoient de la virilité & du iugement de la ieunesse. Nos loix ont defini l'vn & l'autre à* 14. *ans aux masles, & à* 12. *aux femelles : dont n'est parlé en cest article, mais seulement de l'obseruation des degrez de consanguinité.*

Il y a plus, c'est que par deux diuers *Synodes* de l'Eglise Gallicane, tels mariages au dessous de l'aage de 12. ans pour les filles, & de 14. pour les masles ont esté prohibez & defendus, mesme sur peine d'excommunication. Il y en a vn qui a esté tenu à Langres en l'an 1404. qui porte; *Masculi ante completum quartum deci-*

mum annum, Fœminæ ante completum duodecimum annum, non admittantur ad contrahendum matrimonium.

Il y en a vn autre tenu à Paris en l'annee 1557. fous le Roy Henry II. eftant Euefque de Paris Meffire Euftache du Belay: par lequel eft dit; *Sicut iura prohibent, ita & nos fub pœna excommunicationis, viris ante decimum quartum, Fœminis ante duodecimum annum, matrimonium contrahere.*

Il eft pareillement ainfi ordóné par les *Capitulaires* de Charlemagne (qui font tenuës pour loix & ordonnances en France) au liure 7. cap. 363. en ces termes; *Decretum eft vt vxor legitimé viro coniúgatur. Aliter enim legitimum vt à patribus accepimus, & à fanctis Apoftolis, eorumque fucceſſoribus, traditum inuenimus, non fit coniugium, nifi fuo tempore facerdotaliter, vt mos eft, cum precibus & oblationibus à facerdote benedicatur, & à paranymphis, vt confuetudo docet, cuftodita & fociata, à proximifque tempore cógruo petita, Legibus detur, & folemniter accipiatur.* Ce qui eft auffi rapporté & dict au Canon 1. 30. quæft. 5.

A quoy eft cóforme ce que dit *Luitprádus Tit.1.cap.10. Legis Lógobardorum; De puella, vt non ante duodecim annos legitima fit ad maritádum, ita ftatuimus, vt non intrante ipfo 12. anno, fed expleto, fit legitima ad maritandum. Ideo autem hoc diximus, quia multas intentiones de caufis iftis cognouimus, & apparuit nobis quod immatura caufa fit, ante expletos 12. annos.* Ce qui eft encore confirmé *Tit. 8. de prohibitis nuptiis. cap. 10. eiufdem legis, ab Imperatore Karolo.*

Et fuiuant les loix de Nature, il ne peut eftre autrement: Car comme dict *Macrobius lib. 1. in fomnium Scipionis; Poft bis feptem ipfa ætatis neceſſitate pubefcit: Tunc enim moueri incipit vis generationis in Mafculis, & purgatio Fœminarum. Ideo & tutela pueris quafi virile iam robur abfoluitur de qua tamen Fœminæ propter votorum feftinationem, maturius biennio legibus liberantur.* Et au liure 7. *Saturnaliorum* cap. 7. *Cum calor femper generationis caufa fit, fæminæ ideo celerius quam pueri fiunt idoneæ ad generandum, quia calent amplius: nam & fecundum iura publica duodecimus annus in fœmina, & quartus decimus in puero definit pubertatis ætatem.*

Tovs ces moyens demeurent fans refponfe & contredit de la part du fieur du Riage & fa femme. La force de la verité les a contraint de recognoiftre que les loix ciuiles leur font contraires, & font entierement contr'eux. Ils ont recours au droit Canon. Leurs principales repliques font fondees fur iceluy.

Le ſieur de Douzon leur dit *en premier lieu*, que le droit Canõ eſt cõforme au droiɛt Ciuil; & le prouue par le ch. *Vbi nõ 2. de deſponſ. impub.* en ces termes, *ad ætatem legibus vel Canonibus determinatam.* par le Canon 1. 30. *quæſt. 2.* en ces termes, *Niſi vterque poſtquam venerit ad annos diſcretionis conſentiat.* Par le Canon 3. 30. *quæſt. 5.* en ces termes, *Ne ante tempus lege definitum fieri præſumatur.* Par le Canon 1. 30. *quæſt. 5.* tiré des Capitulaires de Charlemagne, en ces termes ; *Tempore congruo legibus detur & ſolemniter accipiatur.*

En ſecond lieu, Le ſieur de Douzon leur ſouſtient qu'ils n'alleguent aucun Canon ny chapitre, qui face pour eux, & decide ceſte queſtion à leur aduantage.

Ils alleguent le chap. *Puberes. 3. de deſp. impub.* Mais il eſt de ceux, deſquels parle *Anth. Auguſtinus* Eueſque de Tarracone, Eſpagnol, en ſes liures *de emendatione Gratiani*, diſant au Dialogue 1. *de titulo & de mendis librj Gratianj.* en ces termes ; *Multa Gregorÿ, Ambroſÿ, Auguſtinj, vel Hieronimj, vel Iſidorj verba eſſe dicuntur, quæ aut nuſquam extant aut aliena. Illa quoque ipſa, quæ inſcriptiones habent veras, non reɛte referuntur. Sæpe enim contrarias ſententias referrj ſcimus, ſæpe valde præciſas.* De meſme Monſieur Cujas en ſon Commentaire ſur ce chap. dit ; *Falſum eſt quod in cap. 3. in fine ex Iſidoro proponitur, puerperas eſſe eas quæ in annis puerilibus pariunt; quia & quæ quacumque ætate recenter pepererunt, puerperæ dicuntur quod pueros pepererint. denique puerperæ ſunt* νεοτοκοι, *id eſt, recentes ex partu, non* ϖρωτοτοκοι, *quæ nunc primum pepererunt, l. 163. de verb. ſignificat.* De ſorte que la diſpoſition de ce chap. 3. eſtant fondee ſur ceſte fauſſe & erronee definition, il n'y a pas lieu, ſauf correɛtion de la Cour, de s'y arreſter. Et d'ailleurs, ce qui eſt dit auparauant ces termes, *puerperæ, &c.* n'eſt dit que du maſle & non point de la fille. Et il eſt certain que nul des antiens, non plus qu'Iſidore, n'a dit; *pubertatem in fœminis æſtimarj ex habitu corporis.* Au contraire ils ont tous dit, *æſtimarj ex annis & poſt duodecim annos completos*, ainſi qu'il eſt dit en pluſieurs lieux, & loix cy-deuant rapportees.

Ils alleguent le chap. *de Illis* 7. Mais il eſt ſur eſpece diſſemblable à celle qui ſe preſente, parce que le maſle & la femelle, deſquels il eſt parlé, viuoient, & l'vn d'eux n'eſtoit point mort auparauant que l'autre euſt attaint l'aage de puberté, ainſi que le ſieur de la Caſſiere eſt decedé, auparauant que ceſte damoiſelle euſt paſſé l'aage de 12. ans. Et comme dit Monſieur Cujas ſur ce

chap.

Chap. *De illis.* pour le concilier auec les Chap. 4. & 5. du mesme tiltre, *non tam conualescunt quæ ab initio nulla erant, quam renouantur, redintegrantur, & reficiūtur posteriora quasi noua spōsalia.* Voire mesme par ce Chap. il est dict qu'il y a des ans propres aux mariages qui sont les ans de puberté, reiglez ainsi que dit est, *intra annos aptos matrimonij, annos pubertatis.*

Ils alleguent le Chap. *ad id.* 21. *de sponsalibus:* mais il est fondé sur ce qu'il est dict par iceluy que *puella quæ vndecim annos habens, tradita fuerat, post modum per annum & dimidium cohabitauit:* De sorte que au faict decidé par ce Chapitre, la fille auoit vescu & cohabité auec l'homme à elle donné pour mary iusques à l'aage de 12. ans & demy qui est six mois apres l'aage de puberté, l'aage nubile. Pourquoy il est dict que *consensisse visa est,* qui est la raison de la disposition de ce Chapitre, dont il s'ensuit que l'on ne peut presumer qu'vne fille auparauant qu'auoir l'aage de 12. ans *consenserit aut cohabitauerit.* Et dauantage par le faict de ce Chap. l'vn & l'autre des destinez à mariage, viuoient, & partant capables de consentir, d'accomplir, & consommer le mariage. *Secus,* quand l'vn est mort auparauant que l'autre ait attaint l'aage de puberté, parce que *nunquam consensisse aut cohabitasse videntur.* A quoy est conforme & formel, ce que dict Monsieur Cujas, sur ce Chap. *Nullæ sunt nuptiæ, quia puellæ consensus deficit, sed conualescunt nouo puellæ consensu, & vel tacito: cuius quidem idoneum argumentum est consuetudo, concubitus & cohabitatio, vt ait, anni vnius integri & dimidiati alterius, quo cum eo viuit & concubuit sine querela, sine vlla animi læsura, vt veteres Inscriptiones loquuntur.*

Ils alleguent le Chap. *Iuuenis. eodem tit. de sponsalibus.* Mais il est donné sur espece diuerse à celle qui se presente à iuger : car il est dict par iceluy que le mariage peut estre presumé *propter honestatem Ecclesiæ,* l'vn & l'autre estants viuans, pour le parfaire & accomplir, & non pas pour le tenir pour fait & consommé, l'vn estant decedé auparauant que l'autre eust l'aage de puberté accompli, & encores moins pour le tenir pour faict à l'esgard des conuentions matrimonialles, esquelles ne gist point *honestas Ecclesiæ,* sur laquelle est fondé ce chap. Pourquoy Monsieur Cujas en son Commentaire sur iceluy dit, *Ratio debilis admodum & infirma, quia & si vxor eius fuisse diceretur vel æstimaretur, cum tamen*

C

nec vxor, nec sponsa fuerit, non est cur propter illum rumorem à consobrinæ illius nuptijs abstinere vel ab ea iam ducta in matrimonium disiungi debeat, cap. 6. de eo qui cognouit consanguineam vxoris. Et peu apres; *Congressus ille citra ius vxorē, vel nõ sposam fecerit. Can. Nec eam: 35. quæst. 2. Can. 7. de eo qui cognouit consanguineam. Nec conatus habetur ratio.* Autrement ce Chap. seroit contraire au Chap. dernier du mesme tilt. ou il est dict; *Conatum non impedire quo minus sponsalia futuri temporis per sponsalia præsentis tēporis, quæ subsequuta sunt, soluātur: Neque igitur illius conatus vllam rationem haberi: quia cum priore sponsa neque verum fuit, neque præsumptum matrimonium. Vt autem matrimonium sit præsumptum, naturalem interuenisse commixtionem necesse est. Conatus enim solus sine effectu matrimonium non facit.*

Ils alleguent le chap. *Continebatur. 6. de desp. Impub.* Mais il est principalement fondé sur ce qu'il est dit par iceluy que les parents de la fille recognoissoyent que lors du Mariage projetté elle estoit d'aage legitime. Ce que ces termes demonstrēt, *præsertim cū parentes eius ipsam fuisse ætatis legitimæ faterentur.* Surquoy Mõsieur Cujas dit; *Notandum legitimam ætatem hoc loco accipi pro pubertate, vt capp. 7. 8. & 10. eiusdem tituli. & l. 2. C. si mater indemnitatem promisit. Et apud Arnobium in Psal. 8. Non tantum ætates legitimæ, sed etiam infantes & lactantes ad laudem Dei erumpunt.*

Finalement ils alleguent le Chap. vnique *si infantes. §. idem quoque. de despõsatione impuberum in 6.* Qui est aussi sur diuerses especes à celle dont il s'agit: parce qu'il parle de personnes viuantes, & ayant confirmé le Mariage par cohabitation, apres l'aage de puberté, apres auoir accompli & passé par la femelle l'aage de 12. ans. & par le masle l'aage de 14. Ce qui appert par ses propres termes: *Nec matrimonium, quod vt matrimonium ætate non tenuit prohibente, per lapsum dicti temporis conualescit, nisi per carnis copulam subsecutam vel aliquem modum alium contrahentes eosdem, cum eiusdem perseuerantia voluntatis, ad Pubertatis tempora peruenisse constiterit euidenter.* Et quand il en auroit esté disposé autrement par ce chapitre, il ne pourroit seruir, parce que le Sexte n'est receu en France, ainsi qu'il est notoire.

DAVANTAGE, le Sieur de Douzon leur monstre par les propres termes *de l'article 23. de l'Edict de Nantes*, fait en faueur de ceux de la Religion pretenduë reformee (de laquelle ils font profes-

ſion) que ſi ainſi eſtoit, que non, que le droict Canon fuſt contraire au droict ciuil ſur cette queſtion, elle deuroit eſtre decidee
par le droict Ciuil, & non pas par le droict Canon: parce qu'il appert par les propres termes de cet article que ceux de la Religion
pretenduë reformee ont pourſuiui de n'eſtre aſtraints au droict
Canő, & n'y ont eſté aſtraints que pour les *degreʒ de conſanguinité
& affinité*, ce ſont les propres termes, qui donnent à entendre
que cet article eſt ſeulement pour l'obſeruation des degrez de cő-
ſanguinité & affinité, ainſi qu'a remarqué monſieur de Belloy au
lieu ſuſallegué : tellement qu'ils ne s'en peuuent preualoir ſur ceſte queſtion ny ſur autre. Auſſi n'eſt-il pas raiſonnable qu'ils ſe
preualent d'vn droict qu'ils reiettent de tout leur pouuoir.

Le second des 4. poincts de DROICT, qui ſe preſente à iu-
ger en ceſte cauſe eſt de ſçauoir, *ſi le defaut de la publication de bancs
par trois diuers iours de Dimanche par le Curé de la paroice du ſieur de
la Caſſiere, & par celuy de la paroice de cette Damoiſelle auparauant
la pretendue celebration du Mariage contracté entr' eux, emporte nulli-
té : Comme auſsi la celebration d'iceluy Mariage faite par autres Preſtres
que par le Curé de l'vne ou de l'autre des paroices, deſquelles ils eſtoient
lors, tellement que le Mariage ne puiſſe valoir,* nec vt contractus, nec
vt Sacramentum.

Le Sieur de Douzon ſouſtient l'affirmatiue, & que ce Mariage eſt nul & ne peut valloir ny ſortir aucun effect ciuil. En quoy
il eſt fondé ſur l'art. 40. de l'ordonnance de Blois, conforme aux
ſaincts decrets & canons tirez de l'ancienne obſeruance de l'E-
gliſe Gallicane rapportee par le Papé Innocent 3. au chap. final,
Qui matrimonium accuſare poſſunt. & au chap. *tua nos.* 26. *de ſponſa-
libus. ext.* qui veulent que la publication de bancs ſoit faicte par
trois diuers iours auparauant la celebration du Mariage, *à proprio
parocho*, & que à defaut de ce, le Mariage ſoit nul & ne vaille ny
comme contract, ny comme Sacrement. Ce que la Cour a iugé
par pluſieurs Arreſts: Comme auſſi que le Mariage eſtoit nul, s'il
auoit eſté celebré par Preſtres reguliers ou ſeculiers autres que
le Curé, de l'vne ou de l'autre des paroices des contractans, entr'autres par arreſt du 26. de May 1611. entre Anne Mortier veſue
du ſieur de Berche, d'vne part, & le ſieur de Brion & Claude de
Berche, d'autre part. Le ſieur du Riage & ſa femme demeurent
d'accord que le pretédu mariage ſur lequel il ſe főde, n'a point eſté

faict par le Curé de la paroice du sieur de la Cassiere ny par celuy de la paroice de laquelle ils disent qu'estoit lors icelle Damoiselle. Et qui plus est, ils disent par leur plaidoyé que le Mariage a esté solemnisé par le *Prieur de Iansat*, & par vne pretenduë Attestation qu'ils ont produicte soubs la cotte E. de leur production,
il est dict qu'il a esté faict par *François Lagna* Vicaire en la paroice de Douzon: laquelle contrarieté tesmoigne qü'il n'y a point de
verité en ce qu'ils dient sur ce, non plus qu'en leur pretenduë Attestation pour la publication des bancs. Ioinct que le mesme per-
sonnage a dict le contraire par vne Attestation qu'il a baillee au
Sieur Douzon.

LE TROISIESME des poincts de DROICT, dont il s'agit,
est de sçauoir, *si cette Damoiselle s'estant mariee auec le Sieur du Ria-*
ge dans l'an du deceds du Sieur de la Cassiere, elle peut demander douai-
re & autres conuentions matrimonialles.

Le sieur de Douzon soustient la negatiue, fondé sur le droict
canon au chap. 2. 3. *quæst*.7. ou il est dict: *Infamia multipliciter irro-*
gatur. Aliquando ipso genere facti, vt Mulier quæ intra tempus quo mo-
ris est lugere maritum, contrahit matrimonium, & qui sciens eam vxo-
rem duxerit. Ce qui est conforme aux loix ciuiles, entr'autres à la
loy *si qua.* 2. *Cod. de secundis nuptijs*: qui veut que *si qua ex fœminis, per-*
dito marito intra anni spacium alteri festinauerit nubere, probrosis inusta
notis, honestioris nobilisque personæ decore & iure priuetur, atque om-
nia quæ de prioris mariti bonis vel iure sponsaliũ, vel iudicio defuncti con-
iugis consecuta fuerat, amittat. Et la raison le veut ainsi, afin d'empes-
cher la confusion du sang, & le doute de la lignee, *turbationem san-*
guinis, comme disent les Iurisconsultes, *& suspicionẽ turpitudinis*,
comme dict sainct Ambroise *in Epist.* 1. *ad Cor. cap.*7. Et si cette Damoiselle auoit esté femme & vefue dudict Sieur de la Cassiere,
elle l'auroit ainsi obserué, sans oublier la memoire & l'honneur
du sieur de la Cassiere, comme elle a faict. Le Sieur du Riage &
sa femme alleguent au contraire le chapitre dernier *de secundis*
nuptijs: & disent qu'en France les loix ciuiles, par lesquelles il est
deffendu aux femmes de se marier dans l'an du deceds de leurs
maris ne sont suiuies.

A quoy le sieur de Douzon respond, que ce Chapitre ne doibt
estre plustost suiui que celuy qu'il allegue: voire mesme que celuy
qu'il rapporte doibt estre plutost suiui: par ce qu'il est plus an-

ien: & d'auantage, par ce que l'authorité de Sainct Paul alleguée
en ce Chap.dernier pour fondement, n'y peut feruir; d'autant que
Sainct Paul au lieu y allegué, qui eft au 7. Chap. de la 1. aux Co-
inthiens, ne dict pas qu'vne vefue fe puiffe marier quand elle
voudra : mais à qui elle voudra, ᾧ θέλῃ, *cui voluerit, non quando
voluerit*. Et quand ainfi feroit (que non) qu'il luy auroit accordé
liberté de fe marier quãd elle voudroit, il fe deuroit toufiours entendre auec l'honnefteté publique, & felon les loix ciuiles & naturelles, contre lefquelles il ne fe peut pas dire que fainct Paul ait
rien voulu ordonner ne permettre : Et fi ainfi n'eftoit, quelques
vns pourroient auffi dire, que par ce que fainct Paul a dict que la
vefue fe remarie a qui elle voudra, qu'il luy feroit permis de fe
remarier à fon frere ou autre eftant en degré prohibé. Auffi en ce
Chap.dernier,n'eft-il parlé que de l'infamie eftablie cõtre les fé-
mes fe remariants dans l'an du deceds de leur maris, *de iactura le-
galis infamiæ* : & non pas de la perte des conuentions matrimoniales & autres aduantages qu'elles pourroient pretendre, ordonnee
par les loix Ciuilles.

Deforte que ce qui eft dict en ce Chap. dernier ne peut eftre
eftendu, ains doit eftre reftrainct, *ad id quod fpecialiter expreffum
eft*, qui eft l'infamie. L'on ne raporte point d'arreft, par lequel la
Cour ait iugé le contraire fur femblable queftion, que celle qui
fe prefente. Et fi elle eftoit a iuger par l'aduis de Maiftre Charles du Moulin, l'infamie mefmes demeureroit; tãt s'en fault que la
perte des conuentions matrimonialles ne s'enfuiuift fuiuant les
loix ciuiles. Il le dit en termes expres en fes notes fur le Confeil 3.
du 7. volume des confeils d'Alexandre; *Quod etiam fcienter contra-
hens cum vidua intra annum luctus efficitur infamis, dixi in cõfuetudines
Parifienfes* : comme auffi en fes notes fur ce chapitre dernier en ces
termes, *nifi quod notatur apud bonos & graues*. Tel eft auffi l'aduis de
monfieur Cuias au liure 21. chap. 12. de fes obferuations, & au ch.
13. de fon liure *de diuerfis temporum præfcriptionibus*. Au refte pour
recognoiftre que par la reformation qui a efté faicte du droict canon de l'authorité du Pape Gregoire 13. l'on n'a entẽdu defroger
au droict ciuil ny abroger la perte des conuentions matrimoniales, ordonnnee contre les femmes fe remariants dans l'an du deceds de leurs maris, mais feulement l'infamie, par ce chapitre
dernier, qui eft du Pape Innocent 3. il ne faut que le veoir entier

dans les anciennes collections des Decretales collect. 3. liure. 5. tit. 16. & confiderer qu'és impreſſions faictes depuis, & ſuiuant ceſte reformation, on a oſté de ce chapitre dernier, le mot de *iacturam*, & laiſſé ſeulement celuy de *infamiam*. Si on auoit voulu oſter & abolir en faueur de telles femmes, non ſeulement l'infamie, mais auſſi la perte de leurs conuentiõs matrimonialles, on n'auroit pas retrâché le mot de *iacturam*, & laiſſé ſeulement celuy de *infamiam*: Et parce que l'on la faict, il ſemble, ſauf correction de la Cour, que pour iuger ſelon le droict canon, ainſi qu'il a eſté reformé par le Pape Gregoire XIII. telle perte de conuentions matri-moniales, doit auoir lieu & eſtre adiugee.

EN CES QVESTIONS de droict, eſtant recogneu de la part du ſieur du Riage & ſa femme, qu'ils ſont mal fondez, l'on a mis en auant des Faicts, pour tirer la cauſe hors des termes de droict.

Au premier, le ſieur de Douzon reſpond, que le ſieur de S. Iulien, qui comme promettant de luy faire agreer & ratiffier a aſſiſté au contract de Mariage, ne l'a obligé en façon quelconque, a aucune des conuentions; & que la ratification qu'il en a faicte ne l'y oblige non plus; & que quand il l'a ratifié, ce n'a eſté que pour y preſter vn ſimple conſentement, & teſmoigner qu'il conſentoit que le mariage ſortit effect, quand les loix ciuiles & naturelles le permettroient, & non autrement. *Pour la miſſiue* qu'il a eſcrite à la mere de ceſte Damoiſelle apres le deceds de ſon fils, qu'elle porte ces termes, *en ce qui ſera de la raiſon ie m'y porteray* : de ſorte que ſi la raiſon l'y obligeoit, il y ſeroit autant obligé n'ayãt point eſcrit cette miſſiue, que l'ayant eſcrite. Or eſt-il qu'elle ne l'y oblige pas, ainſi qu'il appert parce qui eſt cy deuant deduict, non plus que la teneur du contract.

Au 2. que quand ainſi ſeroit, que non, que ceſte Damoiſelle auroit eſté baptiſee quatre mois apres ſa naiſſance, (ainſi que ſon mary & elle ſuppoſent,) elle n'auroit pourtant eu douze ans complets lors du deceds dudit ſieur de la Caſſiere; tant s'en faut qu'apres les auoir paſſez, elle ait veſcu & demeuré auec luy, a cõpter du iour de l'extraict Baptiſtaire, qui eſt le 9. d'Auril 1616. ainſi qu'il eſt cy-deuant monſtré par la ſupputation faicte apres la deduction du Faict de la cauſe.

Au 3. fondé sur la naissance du sieur d'Aisnay, qu'il n'en est faict preuue quelconque : Et que quand il seroit, que non, que ce seroit *aut signum, aut miraculum, aut portentum*, dont on ne peut pas faire loy ny consequence, ainsi que dict sainct Hierosme au lieu susallegué, sur pareil subiect.

Au 4. qu'il n'est point heritier de son fils & n'a perçeu ny disposé d'aucuns biens par luy delaissez ; & que sa terre de Max n'a iamais appartenu à son fils, pour ne luy auoir esté par luy delaissee, ains seulemēt stipulé qu'apres sō deceds, il l'auroit pour appanage auec la sōme de 18000. l. en renonçāt à sa successiō, & celle de sa fēme, au profit de son fils aisné: Et que de la stipulation du remploy portee par le contract que son fils a passé, on ne peut pas cōclure qu'il en fust lors proprietaire, parce qu'elle doit estre rapportee au temps que l'vsufruict stipulé par ses pere & mere, seroit fini, & que cette terre luy seroit delaissee pour son appanage.

Au contraire, le sieur de Douzon prouue par bonnes pieces qu'il a produictes, les circonstances du Faict qu'il a déduict; sçauoir est, qu'il s'est reserué l'vsufruict de tous ses biens, *par le contract de mariage* de son fils aisné, de sorte qu'il n'a aucuns biēs appartenants à sa petite fille, de laquelle il est tuteur : & que sa petite fille comme heritiere de son pere, n'a esté obligee de payer la sōme de 18000. l. au sieur de la Cassiere son oncle; qu'apres sa succession escheuë, & celle de sa femme, & en y renonçant, *par le mesme contract*: & que la plus grāde partie de ceste sōme de 18000. l. a esté payee par son fils aisné à son fils puisné, c'est à sçauoir vnze mil liures, *par les quittances.*

De sorte que soit en son nom, soit comme tuteur de sa petite fille, il ne doit rien au sieur du Riage & sa fēme, & n'a aucune qualité qui le puisse obliger au payement du doüaire, & des conuentions matrimoniales que demāde le sieur du Riage & sa femme, quand ainsi seroit, que non, que de droict, ils seroient receuables, où bien fondez à ce demander : Car en son nom, il n'y est point obligé, & comme tuteur il n'a aucuns biens appartenants à sa petite fille. Et ce qui rend encore sa cause d'autant plus iuste & fauorable, c'est qu'il ne s'agit point de restitution de dot, son fils n'ayant iamais rien receu de ceste Damoiselle. C'est qu'en quatre mois il a perdu ses deux fils, le support de sa vieillesse, & que l'on luy veut encore faire perdre ſon bien, & le tranſporter à vne autre famille. C'eſt que le ſeul doüaire que luy demande ceſte Damoiſelle reuient à plus de 12000. eſcus, à compter a raiſon de ſix cents liures par an, depuis le 11. de ſes ans, qu'elle pretend qu'il luy eſt deub, iuſques au 70. qu'elle peut viure ſelon l'ordre de nature.

Neantmoins par la ſentence, de laquelle eſt appel, il eſt dit que le ſieur de Douzon eſt non receuable, à expoſer le defaut d'aage de la Damoiſelle d'Aubigny, lors de la celebration de ſon mariage auec le ſieur de la Caſſiere ſon fils puiſné: Et ſubordinément ordonné qu'icelle Damoiſelle ſera payee annuellement de ſon doüaire & arrerages d'iceluy, augment de dot, bagues & autres aduantages de mariage mentionnez en ſa demande; pour cet effect, que les deniers arreſtez, luy ſeront deliurez par le ſieur de Douzon, iuſques à la concurrēce de ce qui eſt eſcheu, & que le ſurplus ſera employé pour ſa ſeureté. La Cour a preiugé le mal & precipitamment iugé, par ſon Arreſt du 8. d'Auril dernier, apres auoir ouy les Aduocats des parties, les ayant appointees au Conſeil.

C'eſt pourquoy le ſieur de Douzon conclud à ce qu'il ſoit dit, qu'il a eſté mal iugé par la ſentence, dont eſt appel: Et en emandant que le ſieur du Riage & ſa femme, ſoient declarez non receuables, quoy que ce ſoit mal fondez, és demandes fins & concluſions, qu'ils ont priſes contre luy: Et que l'arreſt qu'ils ont faict faire ſur luy de la ſomme de 18000. liures ſoit declaré iniurieux & tortionnaire, & eux condamnez aux deſpens, dommages, & intereſts qu'il a eus & ſoufferts, aura & ſouffrira, & és deſpens tant de la cauſe principale que d'appel.

CHARLES LABBE'.

Monſieur de BROVSSEL
  Rapporteur.